AF206531

Paul Gisi
**Augenflimmern**
Ausschweifungen, Überschwemmungen,
Versickerungen

Books on Demand

Bibliographische Information der Deutschen National-
bibliothek: Die Deutsche Nationalbibliothek verzeichnet
diese Publikation in der deutschen Nationalbibliogra-
phie, detaillierte bibliographische Daten sind im Internet
über http://dnb.dnb.de  abrufbar.

© 2019 Autor: Paul Gisi
Umschlagbild Ludwig Weibel
Herstellung und Verlag:
BoD – Books on Demand, Norderstedt
**ISBN 9783748144953**

Paul Gisi

# Augenflimmern

Ausschweifungen, Überschwemmungen,
Versickerungen

# Inhalt

I
Feuergeist der Purpurschnecke
Ausschweifungen
(Sätze)
5


II
Der Oechslegrad der Sprache
Überschwemmungen
(Prosa)
23


III
Augenflimmern, Tanzschritt der Verwandlungen
Versickerungen
(Gedichte)
47

# I

# Feuergeist der Purpurschnecke

## Ausschweifungen

Ich ringe jedes Wort – jedes Wortbild – mühsam der Nacht ab.

Jedes System ist lebensfeindlich.

Wenn mein Leben fliesst, wellt, strömt, erlebe ich eine Annäherung an das Glück, einen schöpferischen Augenblick.

Ich geniesse es, abseits zu stehen.

In meinem Drehfauteuil sitzend, reise ich durch Welten.

Ich habe mein Leben akzeptiert, bin **e i n s** mit mir, dennoch liebe ich es nicht, in meine eigene Vergangenheit zu tauchen.

Ich mag die Farben der Illusion.

Träume verschönern das Leben.

Ich liebe Klangkörper, nackte Körper.

Nichts kommt der Lust gleich, sich von Gedichten verzaubern zu lassen.

Liebe kennt keine Dauer, sondern nur Augenblicke.

Herrlich, befreiend ist's, zu einem Zeitproblem nichts zu wissen (nichts wissen zu müssen).

Lyrik: Umschichtungen der Seele.

Antworten sind heimtückisch.

Früher beurteilte ich die Menschen, heute vermeide ich das.

Mit zunehmendem Alter suche ich vermehrt die Harmonie.

Ich bin dankbar, dass ich immer noch verliebt ins Leben bin.

Ich habe längst gelernt, die Schatten anzunehmen.

Es ist nicht von der Hand zu weisen, dass mein Leben gescheitert ist, was aber nicht ausschliesst, dass ich glücklich bin.

Ich erlebte sehr viele Augenblicke der Lust, der Liebe.

Es ist **a l l e s** Autobiografie.

Ein jedes Erkennen beruht auf der persönlichen Erfahrung.

Politiker sind die plattesten, dümmsten, *gefährlichsten* Menschen.

Erkenntnis, die das Individuum nicht befreit, wäre ein Korsett.

Gerade deshalb, weil mein Leben sehr viel Dunkelheit aufnehmen musste, liebe ich die kleinsten Grade des Lichts.

Schöpferisch sein heisst, nichts Vorgegebenes anerkennen, immer offen für Neues sein.

In der Gesellschaft tauscht man Plattitüden aus, das Individuum misst ganz anders.

Die Philosophen können auf drei zählen – die Lyriker zählen nichts.

In meinen dunkelsten Stunden spricht mich nur noch barocke, klassische, romantische oder belcanteske Musik an.

Gedanken sind Hyänen, Gefühle ein Moosteppich.

Gegen alle politischen Credos setze ich unnachgiebig auf den Elfenbeinturm.

Wer mich als anachronistisch beiseite zu stellen versucht, disqualifiziert sich selbst.

Seit fünfzig Jahren liebe ich nichts so sehr wie Kunst, ich werde es in den nächsten fünfzig Jahren ebenso halten.

Wie ernst ist die Komödie!

Alle Weisheit der Welt ist nichts als ein Tautropfen, der in der Sonne vergeht.

Ob ich ein gutes Leben hatte oder nicht, ist bedeutungslos, es zählt nur das Werk.

Schönheit ist ein Abblättern der Schönheit.

Das Schweigen versetzt mich in Trance.

Ein fallendes Herbstblatt hat eine universelle Dimension.

Ich betrachtete dich lange, Baum – jetzt bin ich selbst Baum geworden. (Ich übertreibe natürlich, doch was ist Zen anderes als Übertreibung?)

Nichts ist derart überzeugend, dass es *wirklich* überzeugt.

Wenn ich brenne, liebe ich dich, Seeanemone.

Erleuchtet sein, ist ein eisigkalter Zustand.

Warum sollte ich nicht immerzu von mir reden?

Ich bin derart bescheiden geworden, dass ich es nicht wage, nicht von mir zu sprechen.

Logik hat die Qualität eines auf dem Mist krähenden Hahns.

Ein Buch, in dem zehntausendmal nichts als das Wort LIEBE stände, würde mich freuen.

Depressionen gehören zum Profil des Glücks.

Alles, was ist, ist beschränkt.

Das Sein birgt auch das Nichtsein in sich.

11

In der Schönheit eines menschlichen Körpers ruht das Weltall aus.

Wir sind alle einsam, besonders in Beziehungen.

Hinter den Schleiern tanz Gott als Gammastrahl mit Quasaren.

Es gibt keine Erkenntnis ausser durch Poesie.

Mein äusseres Leben ist nicht so ereignislos, wie es den Anschein hat, doch das zählt nicht, alles, worauf es mir ankommt, ist das innere Leben – *das Werk.*

Wenn alles untergeht, bleibt nur noch das Schöpferische.

Wenn alle Stricke zerreissen, muss ich lachen.

Flucht ist eine aktive Kraft *nach vorwärts.*

Für mich ist der ganze Planet Erde  I n l a n d.

In mir ist viel Dunkelheit, was mich aber nicht hindert, das Leben zu lieben.

Philosophen sind Menschen, die bis ins hohe Alter mit Glaskugeln spielen – und dies wichtig finden.

Ich habe zu wenig Wahnsinn in mir.

Ich sehe weitere weltweite riesenhafte Gräuel voraus.

Ich bevorzuge Leidenschaften gegenüber Abgeklärtheiten.

Wenn mehr Leute wie ich die Pfeife rauchen und Rotwein trinken würden, gäbe es Frieden.

Manchmal frage ich mich, in welchem Jahrtausend ich lebe und ob ich im Sternbild *Rabe,* südlich der Jungfrau, hause.

Die Welt kommt zu mir, heute Nacht in einem provenzalischen Côtes-du-Rhône-Wein und in der Musik aus dem 18. Jahrhundert, einem Requiem von Luigi Cherubini.

Nur das Fliessende – das Überbordende – nähert sich der Wahrheit an.

Kunst ist Verwandlung.

Es gibt keinen Tod, nur *Sein*.

„Ein Werk wird nie vollendet, sondern nur aufgegeben." Paul Valéry

In meinen Gedichten erschaffe ich die Welt neu.

Meine Autobiografie wäre in meinen vieltausenden Briefen, die ich in den letzten fünfzig Jahren schrieb, zu finden.

Ich hohnlache über das Parteiengezänk der politischen Kretins.

Beim mannigfaltigen Angebot der vielen Farben ist es Idiotie, sich nur zu einer einzigen Farbe zu bekennen.

Reife ist dem Zerfall, der Verwesung nahe.

Ich lege mich nicht fest, ich bleibe veränderbar.

Ich verändere mich nächtlich auf mich selbst hin – ins Grenzenlose.

Für ein vollendetes Gedicht werfe ich alle Philosophie in den Müll.

Ehrgeiz ist – wie Ruhm – skrofulös.

Ein Glas Rotwein ersetzt mir jede Religion.

Die Lust zu leben verscheucht mir die Lebensangst.

Reisen sind nur *sonnenwärts* interessant.

Es lohnt sich nicht, jeden Einfall zu notieren, sondern höchstens nur jeden zehnten.

Sinnliche Leidenschaft ist der Mystik nahe.

Konventionen sind Tölpeleien.

Den meisten zeitgenössischen Gedichten fehlt die sinnliche Fantasie (sie sind blosse Gedankenskelette).

FANTASIE ist für die Kunst das wichtigste Ingredienz.

Kritiker haben den Reiz einer Tischbombe, mehr gewiss nicht.

Es gibt keine Objektivität, es gibt nur Subjektivität, und diese ist es, die die Welt reicher macht.

Der Gesang der Vögel macht alle Bibliotheken überflüssig.

Wenn mir am Morgen die Welt schal und schwarz erscheint, singe ich wie ein Mönch die Laudes und werde heiter.

Mir sind genormte Menschen ein Gräuel.

Vorgegebene Verhaltensmuster sind Schrott.

Mich beglückt, dass du mich missverstehst, denn dadurch bleibt meine Freiheit restlos gewahrt.

Ohne Religionen wäre die Welt weniger grausam.

Es gibt keine globale Welt, sondern nur Atomspaltungen.

Ich lese Pierre Jean Jouves „Die leere Welt".

Ohne Musik gäbe es meine Gedichte nicht.

Es geht im Kern des Daseins um Illuminierungen der Wirklichkeit (und dies schliesst die Illusionen ein).

Immer und immer wieder: nur die Verwandlungen zählen.

Realismus ist platt, ich halte es mit Visionen.

Dass Künstler von Kritikern abhängig sind, bringt mich zum Lachen.

Das Werk eines jeden grossen Künstlers versenkt die Dummheiten und Engstirnigkeiten des Kritikers.

Ich geniesse es, nicht beachtet zu werden (wie gut, dass niemand weiss, dass ich Rumpelstilzchen heiss).

Mein ehemaliger Lyrikerfreund Felix Güntert aus dem Tessin – er nannte sich selbst Rhino C. Rastlos – fand meine Gedichte genial, später nannte er mich in einem Brief „Queen des Dramas der übelsten Sorte" – es ist köstlich, was man alles zu schlucken hätte, nähme man alles ernst. Er schrieb mir auch, ich „sei eine alternde Null". Prosit!

Die Freiheit der Fantasie befähigt mich, über alles zu lachen, was mich angreift.

Im Grunde genommen ist niemand fähig, mich anzugreifen, da ich immer längst anderswo bin.

Auch mein kleines Sein wird einmal ins grosse Sein einmünden (deshalb habe ich keine Angst vor dem Sterben).

Nachbarn sind das schlimmste Geschwür, das ich kenne.

Mir erscheinen „normale" Zustände langweilig, ich bevorzuge Verrücktes.

Politiker gehörten alle in ein Irrenhaus.

Das Unterbewusstsein hat keine Philosophie nötig.

Religionen haben sich selbst blamabel gemacht, sie sind nur noch Geschwätz.

Ich liebe es, mich zu irren, denn im Irrtum findet sich eine Annäherung an die Wahrheit.

Wie schön du bist, Amoralität.

Lustbesessen zu sein ist wie ein Flügelschlagen von Engeln.

Niemand kennt mich, wie ich ein Leben lang war und wie ich jetzt bin.

Gebete sind Kunstgriffe beim Kartenmischen.

Ein Mensch ist ein Wesen, das alle denkbar bösen Eigenschaften in sich vereint.

Es ist schön zu wissen, dass man bald völlig gedankenlos sein wird.

Wissen sind Volten der Selbstbespiegelung – völlig bedeutungslos.

Ich weiss nicht, was Weisheit ist, ich weiss bloss, dass ich mit oder ohne Weisheit bald sterbe.

Sucht heiligt und zerstört alles.

Wie rechthaberisch sind alternative Menschen!

Ich höre die „Missa Dolorosa" von Antonio Caldarara (1670 – 1736) und danke Gott, dass ich diese wunderbare Messe hören darf.

Ich höre Piotr Illitsch Tschaikowskys „Liturgie des Heiligen Johannes Chrysostomus", op. 41, und lese die Gedichte „Die dunkle Nacht" von Johannes vom Kreuz – ich bin heimgekommen.

Meine Aufenthalte im Trappistenkloster Notre-Dame d'Oelenberg im elsässischen Reiningue in der Nähe von Mulhouse im Département Haut-Rhin gehören zu meinen tiefsten Erlebnissen meines Lebens. Ich muss weinen, wenn ich daran denke.

Ich lebe jetzt seit mehr als 25 Jahren mit meinem Freund M. H. zusammen (in St. Gallen, Wolfhalden, Lutzenberg, Staad, Rorschach).

Eine krakengrosse Einsamkeit überfällt mich, ich schreie nach Gott, doch der hört mich sowieso nicht.

Es gibt keine Hölle ausser unter den Menschen auf der Erde.

In St. Gallen leben die engstirnigsten Menschen, die ich kenne.

Sanktgalloide Kritiker sind lächerlich.

Ich kenne nichts Dümmeres, Arroganteres als Ostschweizer Literaturkritiker.

Das Professorale ist ein stinkender Tümpel.

Das Leben lieben kann man nur in der Verzweiflung.

Mit zunehmendem Alter bewundere ich das *echte* Kunstwerk mehr und mehr, verwerfe aber auch das meiste „Kunstschaffen" rigoros als Kitsch und parfümierten Mist.

Ich hasse die Verlogenheit der Politik und der Kirche.

Wahrheit ist vielleicht beschämend, meist aber bloss lächerlich.

Der Kosmos ist das jubelnde Auge Gottes

Nur die *Rasereien* des Intellekts, des Gefühls sind es wert, erlebt zu werden.

Ich weine nicht nur, wenn ich verzweifelt, sondern auch wenn ich glücklich bin.

Heilige verschleudern ihr Leben für nichts.

„Das ganze Leben besteht aus Irrfahrten und Verständnislosigkeiten." Dostojewskij in „Der Jüngling"

Das Leben der Menschen ist ein Irrtum (der von einem Schein des Wahren getäuscht wird).

Erklärungen bewirken nichts ausser Missverständnisse.

Das Leben braucht keinen Sinn zu haben.

Bis zu meinem 35. Lebensjahr wurde ich mit jeder Publikation bekannter, danach mit jeder Publikation unbekannter. Jetzt in meinem 70. Lebensjahr bin ich (mit über 100 Publikationen) völlig unbekannt. Ich geniesse das in vollen Zügen.

# II
# Der Oechslegrad der Sprache

## Überschwemmungen

# Die fünfundzwanzigste Stunde

Was war das doch für ein kurzer Tag! Ich kaufte ein, putzte die Wohnung, lief von Pontius zu Pilatus, flickte mein Velo, servierte meinem abendlichen Besuch ein mehr frugales als festliches Mahl, hatte in der Küche mit Geschirr abwaschen und abtrocknen zu tun, um elf Uhr nachts setzte ich mich erschöpft in meinen Drehfauteuil, zündete eine Kerze und meine Pfeife an, schenkte mir ein Glas Châteauneuf-du-Pape ein, nahm die vergnügliche Lektüre „Ich der Kater, Lebensansichten eines Katers" des japanischen Schriftstellers Soseki Natsume auf, ein Roman, der gewiss von E. T. A. Hoffmanns „"Lebens-Ansichten des Katers Murr" beeinflusst worden war, und fühlte mich entspannt wohl. Da schlug die gravitätische Pendüle (ein Erbstück meiner Grosseltern) zwölfmal, es war Mitternacht. Hoahoo, dachte ich, zu mehr brachte es mein Geist nicht mehr. Ich wollte gerade ein neues Kapitel von Soseki Natsumes Roman zu lesen beginnen, als sich meine Vorhänge bauschten und mit Gegurgel und Gestampfe ein Mississippiraddampfer in meine Stube dröhnte, auf der Mark Twain grosse Reden führte, ich wunderte mich nicht im geringsten und winkte ihm zu, eine Giraffenherde donnerte über die Steppe meines Teppichs, an meiner Deckenlampe turnten Gibbons wie wild, auf meinen Bücherregalen trabten Stachel-dinosaurier und klapperten Schmalzschnauzen-krokodile, auf den Radiatoren wärmten sich Achtarmige Tintenschnecken und Seelilien auf, die Pendüle schlug einmal, welche Zeit hatten wir eigentlich, ich fühlte mich fast wie der unbenamste Kater bei Soseki Natsume oder wie „Kater Murr", es waren intensive Minuten, ich fühlte mich wohl, der Alltag, der kurze Tag endete wohl mit einem Fest der Schöpfung, ich war begeistert. Und als noch ein Rotbrustkuckuck und ein Fächerpapagei durch meine Stube flogen, eine Schmetterlings-mücke und ein Stachelbeerspanner die Wände hochkrabbelten, begann ich vor Freude zu singen (zum Glück hat mein Krächzen niemand gehört), da schlug meine Pendüle unverdrossen nochmals zwölfmal, es war wiederum vierundzwanzig Uhr, meine andern Uhren in meiner Wohnung bestätigten das. Wahrlich, dieser Tag hatte fünfundzwanzig Stunden, was für ein Fest!

## Die Freiheit der Fantasie

Wir sind alle genügend eingespannt in die vorgegebenen und jahrelangen, ja jahrzehnte-langen Verhaltensmuster und Klischees der Gesellschaft. Es gibt vorgedruckte Wunsch-kärtchen zu Hochzeit, Geburt, zum zwanzigsten Geburtstag, Gratulationen zu iks was usw. Das, was man selbst nicht zu sagen vermöchte, kann man schön aufgedruckt kaufen; Gefühle für vier Franken achtzig.

Ich schicke manchmal meinen Bekannten seitenlange, ausufernde Briefe zu einem jeweiligen Anlass – zuweilen auch aus lauter Lust zu schreiben, auch wenn kein konkreter Anlass besteht. Wenn das Räucherstäbchen herrlichen jasminduftenden Geruch verströmt, meine Bienenwachskerze fröhlich flackert, wenn ich eine festliche Messe von Luigi Cherubini höre, wenn in meinem Weinglas ein tiefsinniger provenzalischer Wein mir zuwinkt und ich entspannt in meinem Drehfauteuil sitze und meine dampfende, stampfende Pfeife mit vanilla- und mangoangereichertem Aroma seine Schäfchen-wolken aufsteigen lässt, wird es mir wohl ums Herz und kribblige Gedanken drängen danach, aufgeschrieben zu werden, einfach so, aus Lust am Jonglieren. Ich liebe Transformationen, Metamorphosen, Mutationen, Verwandlungen aller Art, aperspektivische Welten, die Farben der Maler, die Töne der Komponisten, die surrealistischen Wortbilder der Dichter, die Höhlenmalereien der Altsteinzeit, die oft spukhaften expressionistischen Farbsinfonien von Emil Nolde.

Träume als Botschaften des Unterbewusstseins zu sehen, zu hören, bereichert bis zur glücklichen Fassungslosigkeit. Wie herrlich sind die Auffächerungen, die Einfärbungen der Fantasie, der Freiheit sind keine Grenzen gesetzt. Eins ist das andere, alles kann das werden, was man sich vorzustellen wünscht. Ich liebe Synästhesien, die Verschmelzung mehrerer Sinneseindrücke. Landschaften werden zu Musik, Musik wird zu einem Vogelflug, eine Seeanemone zu einem Sternbild, der Mond zu einem Scheinwerfer in einem Zirkuszelt, in dem lustige Dromedare ihre hopsenden wüstenseligen Runden ziehen.

Das Leben, wie ich es liebe, feiert die Freiheit der Fantasie.

## Das Leben wellt und strömt

Sapristi! Ich habe genug vom Lamento übers Leben. Das Leben ist kein Jammertal, es ist ein Fest, eine Burleske, ein Tanz. Ich verstehe die Düsternisse, das Lahmgelegtsein in den immergleichen Anforderungen des Alltags, das Gefühl unterzugehen am frühen Morgen.

Doch da muss ich lachen, nehmen wir uns doch nicht so wichtig.

Wenn wir uns öffnen, perlt das Leben in seiner Schönheit, in frappierenden Neuentdeckungen. Reiben wir uns den Schlaf aus den Augen, wir leben wirklich in einer guten Welt. Die Farbpalette ist reich gemischt, denken wir nur an Claude Monet mit seinen Seeanemonen, was für eine Sinfonie des Impressionismus. Oder an Landschaften von Camille Corot, an eine Landschaft in der Auvergne, da wird mein Herz weit. Ich sehe vor mir eine kretische Gesichtsvase aus Phaistos und werde unbeschwert. Ich kann in meiner Fantasie durch die Basilika San Apollinare in Ravenna schreiten, auf peruanischen Treppen an der Plaza in Cusco mich ausruhen. Die Welt ist rund, farbenprächtig, abenteuerlich, warum sollte ich mich einengen lassen?

Das Leben wellt und strömt, ich liebe die Facettierungen, Nuancierungen. Ich liebe das Polarlicht, das fahle Sommerlicht über Nowomoskowsk, die Herbststürme des alten Hafens Porto Vecchio in Triest. Das Leben, die Welt ist ein Fest.

Und wenn gar nichts mehr „haut", gibt es immer noch das Einatmen, das Ausatmen, die Flügelschläge des Traums – das sich gegenseitige Handreichen. Du kommst zu mir, ich komme zu dir. Wir verstehen uns. Verstehen uns im Schweigen der Dichter, in den Farb- und Tongemälden der Maler und Komponisten, in den Formen der Bildhauer.

Das Leben wellt und strömt sinnlich, dazu braucht es den Firlefanz der Philosophie nicht. Es gilt nur, das Leben zu wagen; ich finde es herrlich, einen neuen Tag zu beginnen. Was wird er mir bringen?

## Das Fest der Schalttage*

Die Menschen wissen so viel, ich finde es herrlich zu wissen, dass ich nichts weiss. Ich überlasse es genüsslich andern Menschen, die Welt zu erklären. Ich brauche keine Erklärungen. Ich höre, im Drehfauteuil sitzend, die „Liturgie des Heiligen Johannes Chrysostomus" von Piotr Iljtsch Tschaikowskij, studiere mesopotamische Religionen und die geistig-mythologische Welt des Neolithikums, entdecke Schlangen und Götter in den Träumen, die Analogien vergangener Jahrtausende zur Moderne sind evident, sofern man die Augen offen hält, ich vermehre zu meinem Vergnügen mein Nichtwissen.

Manchmal aber passiert es, dass die Tage in die Langeweile abzudriften in Gefahr sind. Wenn sich dies anzumelden droht, schalte ich mit boshafter Freude einen „Schalttag" ein, in dem alles anders wird. Ich tanze mit dem Harlekinschmetterling, durcheile mit Waldsalmerverwandten Auwälder, lade eine Ringelnatter, die mich, eine Erdkröte, in der Regel bekämpft, zu einem Freundschaftsmahl ein, schmeisse lustvoll ein paar Bücher aus meiner Bibliothek umher, übe mich mit Zeus im Donnern, tue ich so, als ob mir die Kalligraphie wichtig wäre.

Es gab einmal einen „Schalttag", damit es mir nicht langweilig würde, an dem ich Konfetti auf die Welt ausschüttelte, indische Tempel in die Zürcher Bahnhofstrasse versetzte, den Nil aufwärts fliessen liess, Urwälder in die Wüste verpflanzte, ein lustig pigmentierter Glattbutt durch die Tate-Gallery flog, der Tragödiendichter Sophokles Burlesken rezitierte, als ich den Chimborazo in den Hosensack steckte, die kolkrabengrosse Polarmöve in meiner Küche Spaghetti bolognese kochte – es war ein Fest.

Wenn ich befürchte, mieswütend zu werden, schalte ich flugs einen „Schalttag" ein, ich bin alt genug geworden, um es mir zu gönnen, so viele „Schalttage" im Jahr zu geniessen, wie ich es mir wünsche. Nur fantasielose Menschen haben einen „Schalttag" bloss alle vier Jahre, das wäre mir zu wenig. Ich erfinde alle paar Wochen einen „Schalttag", ich fahre genussreich damit.

*Die Grundidee für „Schalttage" entnahm ich Wilhelm Hauffs Erzählung „Phantasien im Bremer Ratskeller", doch sonst ist alles frei erfunden.*

## Eine Geisterbahnfahrt, die ist lustig

Skelette klappern nach der jähen Kurve, mich erinnern sie an Politiker, Putzfäden streichen
über die Stirn, mir erscheinen sie wie Sätze des Katechismus, Kobolde mit glühenden Augen fuchteln dilettantisch wie die Darbietungen eines Dorfturnvereins. Mich vergnügt zu wissen, dass wir auf einem Pulverfass sitzen und rauchen und so tun, als

könnte unser Planet nicht explodieren. Teufelsrochen schwadern vorbei, ein Ichtyosaurier räkelt sich, ein Tigerpython züngelt lüstern, eine Diamantklapperschlange reisst ihr bezahntes Maul auf, es ist so herrlich gruslig, Dämonen tanzen wie Irrlichter, zuweilen steigen Nebelrauchwolken auf und es wimmert und wummert albtraumartig höhlenhohl wie von einer Kanzel herunter, das Fürchten nimmt kein Ende, die Fahrt geht rüttelnd und stockend weiter, Hokuspokus, ein rotglühender Greif spreizt seine Krallen, holterdiepolter ruckelt und zuckelt die Geisterbahnfahrt weiter, Paukenschläge poltern, es wird lustiger und lustiger, ein schlappig gekleideter Pirat fuchtelt mit seinem Krummsäbel, wir umarmen uns in unserm Gefährt, am liebsten hätten wir einen Tarnmantel, doch wir sind den Gruseleien mit ihren Blitzen ausgeliefert als wären sie ein ausserirdisches Toxikum, derweilen sie ja nicht viel anderes sind als die leicht aus den Fugen geratenen Abbilder unserer Gegenwart, die mit ihren Managerboni, Privatjets abgehalfteter Präsidenten, Exkommunikationen seltsamer Glaubensgurus und den verlogenen Prognosen der Wirtschaftshyänen auch nicht schauerlicher als eine Vorstadtgeisterbahn sind, es ist gehupft wie gesprungen, alles ist im Eimer, nichts zählt mehr, ich lache mich schier kaputt, Flügelkiemer sausen durch die Lüfte, eine Sirene heult, ein Moloch wackelt mit seinem zerfressenen Gesicht, die Geisterbahnfahrt will nicht mehr enden, da bemerke ich, dass ich längst wieder im Freien bin, doch die geröteten und maskenstarren Gesichter der Messebesucher mit ihren plumpen Bäuchen machen mir mehr Angst als zuvor.

Die angebliche Vernunft ist ein straubiger Schauerroman, furchterregender als jede Geisterbahn. Doch wie lustig ist das Unheildrohende, wenn Blinde Blinde führen. Machen wir nur so weiter, das Granulom ist überall. Es könnte ja sein, dass die Geisterbahnfahrt wirklich niemals endete, doch wie lustig wäre das. (Du, schlaf ruhig weiter.)

## Brief an einen Freund

Ich weiss es vergnügt, dass ich immer wieder Künstler sehr liebe, sie nicht mehr liebe und sie dann wieder liebe, für mich ist das ein Gewoge, ein rastloses Hin und Her. Liebe kann für mich nichts Statisches sein, sie ist eine tumultuöse Ambivalenz, eine existenzielle Geisterbahnfahrt. Es gibt aber auch „Konstanten" in meinem Leben; sie heissen Rilke, Wolfgang Borchert, Dostojewskij, Else Lasker-Schüler, Robert Walser, Vincent van Gogh, Marc Chagall, Gaetano Donizetti, Mozart, Anton Bruckner, um spontan nur ein paar zu nennen. Bei diesen Künstlern wurde ich noch niemals wankelmütig. Da ist meine Liebe seit fünfzig Jahren festgefügt.

Bei meinem plutonischen, tiefengesteinigen Charakter hat die „Treue" wenig Wert, da es immer wieder stürmt und tobt, sie (die Treue) keine definite Grösse impliziert. Ich liebe die Veränderungen, die Surrealitäten, die Imponderabilitäten. Das Leben ist zu kurz, um sich allzu oft festzulegen. Alkyonische (friedliche, windstille) Zustände sind mir eher ein Graus, todnah, und da bäume ich mich auf. Herrlich ist's, wenn die Stürme gewaltig um die Ohren brausen, Sturzfluten einen vom Kurs abbringen; ich liebe die blitzenden und donnernden Ungewissheiten. Dass ich morgen wesentlich ein

Anderer sein kann, als ich es heute bin, finde ich wunderbar. Ich bin ein Wechselwarmblüter, ich fühle mich nur wohl in verschiedenen Biotopen. Generalisierungen hasse ich wie die Pest. Ich suche das „Hinterfragwürdige" in allen Belangen. Nihilismus, Positivismus und was weiss ich noch alles, sind nur auf Widerruf interessant. Das Leben ist ein Stepptanz, wild und ohne ein Ende abzusehen. Ich liebe die Überlichtgeschwindigkeiten, die Fiktionen – Präformationen überlasse ich gelassen den Schwerenötern. Manchmal ist das Leben ein Gelumpe, doch es kennt auch die Höhenflüge. Und diese sind es, die zählen.

Was sind die schöpferischen Menschen anderes als Vulkanologen, die sich mit Eruptionen beschäftigen, die nicht voraussehbar sind? Traversieren wir die nächsten Tage. Auf geht's!

## Aus dem Leben Herrn Schnupflochs

Herr Schnupfloch, mit vollem Namen Adrian Archibald Sebastus Schnupfloch, war ein Mann gegen die vierzig hin, mit ungeheuerlichen Ausmassen, kurzen Beinen wie zermatschte Säulen, einem Körper wie ein Elefant, plumpen wulstigen Armen, verfetteten Händen mit wurstdicken Fingern, einem plumpuddingschwabbligen kurzen Hals, auf dem ein kleiner vollmondrunder Kopf wackelte mit schweinsschwartenartigen Backen, wulstigen Lippen, eine aufgedickte knorplige knotige rübenartige Nase, schier augenbrauenlos; seine schreckensschwarzen Augen über tränensacktranigen Augenringen waren wie eine Darmverschlingung,

33

völlig leblos, wie Lumpenreste, seine borstigen Kurzhaare hatten etwas von einem kranken Dackel, um es kurz zu machen: Herr Schnupfloch war kein Adonis.

Da zog der Frühling ins Land, und Herr Adrian Archibald Sebastus Schnupfloch fühlte sich liebeslustabenteuerlich, er sass wie ein röchelnder Molch, wie ein aufgequollener Flusskrebs wie gewohnt in seiner erfolglosen staubigen Anwaltskanzlei und sagte sich, nun muss sich alles ändern, ich will nicht mehr allein sein, ich will eine zierliche schlanke junge Frau freien, schliesslich bin ich alt genug und doch noch nicht wacklig abbröckelnd altersschwach und die Schulden sind auch nicht derart hoch, dass sie meinem Liebesglück abhold sein müssten.

Gesagt, getan. Er zwängte sich in einen gross gemusterten Anzug, band sich einen schönwetterwolkigen schnucklichen schlumpsigen Schlips unter sein schwappliges Doppelkinn und ging, ein munteres Liedlein pfeifend, in eine Vorstadtkneipe, er wollte Bekanntschaft schliessen. Das Lokal war leer. Das macht nichts, sagte er sich, das wird sich schon noch ändern. Er bestellte Schweinshaxe und knuddelige Knödel, das Liebesfest muss mit einem plumpsenden Festessen begonnen werden, dazu trank er einen schlucksenden Landwein.

Schnupfloch muss wohl eingeschlafen sein, denn als er zu sich kam, standen rund um ihn die Stühle auf den Tischen, und es scheint, obwohl er sich ungewöhnlich soigniert fühlte, dass er es verpasst habe, eine Göttin zu finden und zu freien.

Am andern Tag sass Herr Adrian Archibald Sebastus Schnupfloch wieder in seiner schmierigen Anwaltskanzlei, wie immer als alternder kolossartiger Trampel – doch der Frühling war ja noch nicht vorbei.

# Frau Käthi Bürgli träumt von Paris

Von Frau Käthi Bürgli zu sprechen, ist ein sponta-
ner Einfall, dem ich jetzt genüsslich und mit Stirn-
runzeln nachzugehen die unverfrorene Absicht
habe. Frau Käthi Bürgli darf ruhig eine Madame
genannt werden, auch wenn das in liebenswerter
Art oder Unart gewiss zu hoch aufgetrumpft sein
wird, doch ich will es mir nicht zuschulden kom-
men lassen, zu klein, zu mickrig zu sein, denn ob
Frau oder Madame, spielt doch keine Rolle. Also.
Frau Bürgli oder eben Madame Käthi Bürgli
wohnte ihr Lebenlang in einem Kleinstädtchen,
dessen Name zu nennen mir nicht wichtig dünkt,
denn Kleinstädtchen sind alle gehupft wie gesprun-
gen entweder niedlich oder grauslich bieder, Unter-
schiede zwischen niedlich und bieder sind im
Grunde nicht auszumachen. Doch jetzt kommt das
Grosse, die lebhafte Unerwartetheit, dass Käthi
Bürgli nur einen Traum hatte, nämlich nach Paris
zu reisen, in die Weltstadt an der Seine, von der so
viel gefabelt, geflüstert und gesungen wird. Welche
andere Stadt könnte es mit Paris aufnehmen, sie
einmal besucht haben zu wollen in der Lage zu
sein? Käthi Bürgli hat in ihrem arbeitsreichen und
von vielen Niederlagen reichen, allzu reich durch-
strömten Kleinstadtleben nur ein Buch gelesen,
„Die Geheimnisse von Paris" von Eugène Sue, und
seither träumt sie selig und unselig von Paris; als
„Die Geheimnisse von Paris" als Fortsetzungsro-
man im 19. Jahrhundert in der Zeitung erschien,
bildeten sich täglich Schlangen hysterischer Zei-
tungskäufer vor den Kiosken, Kranke sollen mit
dem Sterben bis zum Schluss des Romans gewartet
haben. Ach, was waren das noch für Zeiten! Ma-
dame Käthi Bürgli hatte sich bereits einen Stadt-
plan von Paris erworben, denn sie wollte ja nicht

gänzlich orientierungslos durch die Weltstadt flanieren und spazieren, dazu hatte sie sich einen neuen schauflig grossen und schicken Regenschirm gekauft, denn man weiss ja nie im Voraus, was für ein Wetter auf diesen Weltstadtstrassen, Avenuen und Boulevards los ist, zudem hatte sie auch gehört, dass die Pariserinnen sehr modisch seien, und da wollte sie nicht hintanstehen. Leider muss ich mitteilen, dass Frau Käthi Bürgli mitsamt ihren Träumen von Paris unerwarteterweise gestorben ist, das lässt sich jetzt halt nicht mehr ändern.

## Die Testamentseröffnung des Köbi Lämmli

Nachdem das Geschluchze und Lebenundtoddurchgeschütteltsein bei einer Beerdigung würdig oder unwürdig ad acta gelegt worden zu sein sich bemüssigte und bei einem feinen Leichenmahl neu überdenkt, das heisst lebenszugewandt über neue Ressourcen sich in nicht üble Stimmung gebracht zu haben meisterte, ist es nun nicht angebracht, über Köbi Lämmli zu lamentieren, schliesslich wurden ihm die schönsten Blumen auf seinen Abgang nachgeworfen, obwohl, das darf eigentlich nur hinter vorgehaltener Hand geflüstert werden, er sein Leben lang ein Lump war. Doch er hatte, so munkelte man, ein paar Erben, die sich geflissentlich darin übten, Trauer zu mimen, anbetrachts dessen, dass sie Nutzniessung in irgendwelcher Form auch immer aus Köbi Lämmli rechtzeitigem Abgang sich zu erhoffen einbildeten. Sich zu kondolieren erübrigte sich, da es ja galt, sich zum Erbe zu beglückwünschen. Der Anwalt Köbi Lämmlis rief alle Haupt- und Nebenerben zu einer fixen Stunde in sein Büro, zu dem es nichts zu sagen gibt, ausser dass es vollkommen verludert aussah, man verzeihe mir diesen treffenden Ausdruck. „Meine Damen und Herren Erben vom abgegangenen Verstorbenen, ich habe die Pflicht und die fragwürdige Freude ihnen mitzuteilen, dass sie nichts erben werden, denn Köbi Lämmli hinterliess nichts ausser seinen Schulden. Es gibt zwar noch ein Papier, auf dem ein Guthaben steht, doch dieses hat er feierlich, und dies kann nicht angefochten werden, einem Dienstmädchen übermacht, selbst seine Frau geht leer aus und wird juristisch nicht in der Lage sein, dies anzufechten." Der Eklat war vollkommen, perfekt, muss aber aus distanzierterer Sicht einfach als amüsierlich gelten. Bei einer Beerdigung tröpfeln oder strömen Tränen, weil nichts Geistreicheres angebracht zu sein scheint. Doch wenn ein Lump wie Köbi Lämmli verreckt, pardon, das Zeitliche fintenreich hinter sich zu lassen bemüssigt fühlte, sollte es Erben geben, die eine neue Freude fänden. Doch das war in diesem Fall nicht gegeben. Nur das Dienstmädchen konnte nun auf Reisen gehen und einen Mann suchen. Ein Lump trat ab, dennoch endet diese Geschichte positiv, und das ist ja auch was.

## Die Lust NICHT zu reisen

In diesem Sommer wälzten sich Millionen von dickbäuchigen Touristen vom Norden in den Süden (ich spreche jetzt nicht von den Flüchtlingsströmen vom Süden in den Norden), wie Heuschreckenschwärme fielen die Touristen über Venedig, Rom, Malaysia, Indien, übers argentinische Bahia Blanca, kalifornische Los Angeles, spanische Alicante, philippinische General Santos, über die Côte d'Azur, übers bolivianische Santa Cruz her und verlangten Pommes frites mit Ketchup, kaugummimampfend, den Fotoapparat unterm Doppelkinn baumelnd. Man war oft stundenlang im Flughafengebäude gefangen, da es Unwetter gab, da Fluglotsen streikten, da ein Vesuv ausgebrochen war, da Bombenterrorwarnungen ihr Unwesen trieben, da irgendein verbrecherischer Halunke Amok lief, eine hochschwangere Frau ihr Kind verlor, eine Fluggesellschaft plötzlich pleite und flugunfähig geworden ist, mir nichts, dir nichts, von einer Stunde auf die andere. Was für ein Horror, unter Millionen von vergnügungssüchtigen Touristen ein vergnügungssüchtiger Tourist zu sein, Hotels zu beziehen, am Meeresstrand zu liegen, nach dem Bad im Meer nach Fäkalien zu riechen, weil die Abwässer der Hotels ungefiltert in die Bucht fliessen, hundert Meter neben dem Badestrand.

Ich liebe es, NICHT zu reisen. Ich liebe es, in meinem Zimmer Mozarts Trio, Divertimento für Violine, Viola und Cello, KV 563, zu hören, ein Rotweinchen zu trinken, meine Pfeife zu rauchen, Gedichte von Pablo Neruda zu lesen, und, in meiner Agenda blätternd, befreiend festzustellen, dass ich für die nächsten Wochen nichts abgemacht habe, dass ich also frei bin, nirgendwo hinreisen muss. Ferien sind ein Zwang zu verreisen. Das verweigere ich.

Bäume sind wundervolle Kreaturen, doch es käme ihnen niemals in den Sinn zu verreisen, ein Kirschbaum fühlt sich verhaftet dort wohl, wo er blüht und Früchte bringt. Ein See fühlt sich innerhalb seiner Ufer wohl.

Doch ich vergesse, Wolken lieben es, verspielt von Land zu Land zu ziehen. Anaxagoras sagte, dass der Geist das feinste und reinste von allen Dingen sei. Ich bin glücklich, NICHT reisen zu müssen.

## Die Wirklichkeit der Fantasie

Nichts gegen die Wirklichkeit, die real erlebbare, erfahrbare, über das Gesummsel und Gebrummsel der Schuppenameisen, Stachelkäfer, der Feuerwanzen, die Schwimmkünste der Langnasenchimären und Teufelsrochen, das Tirilieren und Brillieren der Mausgrauen Beutelmeisen, der Kurzschnabelnektarvögel, der Königsparadiesvögel, die Kletterkünste der Gibbons, das Ausdauerrennen der Antilopen, die in Kolonien lebenden Flügelkiemer, der sich wie ein Feuerwerk ausbreitende lachsfarbene Eukalyptus, die irr verrückte Rotationsgeschwindigkeiten der Sterne, die Wirklichkeit ist ein unfassbar vielgestaltig umströmtes Farben-, Form- und Lebensfest, dass es einem den Atem verschlägt.

Doch es gibt noch viele, viele andere Wirklichkeiten.

Die Wirklichkeit, der Träume, der Fantasie!

Ich liebe es, im Drehfauteuil zu sitzen, doch eines Nachts dachte ich, ich könnte einmal die Cepheiden besuchen, die pulsieren doch so lebensmunter am Himmel. Ich zog meine Wanderschuhe an – und los ging's! Nach kurzer Zeit schlug ich verdutzt meinen Kopf an Saturn an, doch ich liess mich nicht beirren und wanderte frohgemut weiter, zumal Beteigeuze und Antares mir fröhlich zuwinkten. Als ich müde wurde, schlug ich mein kleines Zelt, das ich mitgenommen hatte, im Sternbild Rabe auf, mir gefiel es dort aussergewöhnlich gut.

Nach einem langen erholenden Schlaf nahm ich meine Wanderung hin zu den Cepheiden in der Magellanschen Wolke wieder auf, es war köstlich, ich begegnete Sonnenfackeln, Sirius in 8,7 Millionen Lichtjahren Entfernung spielte eine Trompete, Spiralgalaxien zwirbelten um meine Füsse, ich musste lachen, mir wurde wohl und frei ums Herz, wenn ich an die weit entfernten kleinlichen Schnurpfeiferein auf der Erde dachte, wichtig genommen von diesem Menschlein. In meinen neuen Dimensionen wandernd begann ich ein holperndes Liedlein zu singen.

Sapperlotnochmals, die Cepheiden habe ich nie erreicht, gefunden, ich muss mich wohl zwischen Supernoven, Doppelsternen und schwarzen Löchern in der Richtung geirrt, verlaufen haben.

Macht nichts, die Wirklichkeit der Fantasie war unersetzbar schön, eine sphärische Sinfonie.

# Du bist mir `ne taube Nuss!

Mit „du bist mir `ne taube Nuss!" ist ein dummer, langweiliger Mensch gemeint, und davon wimmelt es wie in einem Taubenschlag, sehr auffallend jetzt vor politischen Wahlen feststellbar, doch ich muss das Thema wechseln, denn Politik, in der es nicht so sehr auf Qualifikationen, sondern aufs Partei-buch ankommt, ist allerorten abgesegnet, und das hasse ich. Ein souveräner, differenzierender Geist muss das Gequarre der Parteien überhören, wenn er sich nicht lächerlich machen will.

Na ja, futsch ist futsch und hin ist hin, finde ich eine ganz praktikable stoische Redewendung, da steht man mit der Gelassenheit ganz schön im Fut-ter, etwa in dem Sinn, reibeisenrau: „Was Jupiter erlaubt ist, ist dem Ochsen nicht erlaubt." Man könnte dies individualpsychologisch gescheit aus-tarifieren, doch eine Brosmete ist kein Handbuch für psychologische Aufgetürmtheiten. Da fällt mir aus dem undurchdringlichen Wildwuchs von Goe-thes „Faust" eine Stelle ein, wo es heisst: „Grau, teurer Freund, ist alle Theorie." Na, ist doch präch-tig formuliert von diesem Paradiesvogel, der sich in alles verstrickte.

Thomas Bernhard schrieb vergnügt, „Goethe hatte ein gestörtes Verhältnis zu den Bienen / Das weiss ich ab heute / Es ist alles falsch was er über die Bienen geschrieben hat / Ein so grosser Geist wie Goethe / Und alles falsch". Köstlich! Und ich frage mich, ob die Bienen nicht das einzige Thema war, über das Goethe nicht geschrieben hat, ich weiss es nicht. Wie es auch sei, dieser Dichtermi-nister kam so oder anders nicht aus Dummsdorf.

Heute wird kaum Klartext geredet, man liebt das Munkeln, deutliche, das heisst ehrliche Worte wir-ken manchmal wie eine Klatsche, und das sucht man zu vermeiden, man ist ja schliesslich so gesittet; ein Ritter ohne Furcht und Tadel ist nur noch im Varietétheater anzutreffen, und das kostet. Und an die farblosen Wendehälse gassauf, gassab und auf allen kommunalen, nationalen und medialen Bühnen hat man sich längst gewöhnt.

Zur Hölle mit dem verflixten Papierkram aus den Beamtenstuben, zur Hölle mit der ganzen Verwandtschaft, ich will an Feiertagen meine Ruhe haben – und heute ist doch ein Feiertag, oder etwa nicht?

## Es wird schön sein in Ombos

Ich denke, dass das Böse keine Eigenwirklichkeit ist, sondern ein Mangel an Sein, ein Verlust des freien Willens. Doch ich möchte jetzt nicht philosophieren, sondern Dich fragen: Kommst Du mit nach Ombos? Ombos liegt am Nil, etwas höher stromaufwärts von Gebelen, Esne und Edfu. Es wird schön sein in Ombos. Wir tanzen nachts mit thebanischen Mädchen, trinken schweren süssen Wein, erinnern uns an altägyptische Kosmogonien und winken Echnaton zu. Wir feiern das Fest des Lebens, die Lust des Seins, tanzen mit Fröschen in Gärten mit Dattelpalmen, Myrrhenbäumen, Sykomoren, Lotos, Papyrus und sich im säuselnden Wind wiegendem Schilf, in Ombos tanzen Mond und Sterne, tanzen demiurgische Schlangen, der anthrazitfarbene Skarabäus rollt seine Mistkugel wie ein Weltall vor sich her, die Geiergöttin Nechbet huscht lasziv vorüber, wir tragen Sonnenkäfer als Kette aus Speckstein und Fayence um den Hals, wir tanzen mit dem ibisköpfigen Thot, mit der leopardenschlanken Göttin Mafdet, Ombos wird schön sein, in Ombos weht mit tausend Wohlgerüchen Schu, der eigentliche Herr der Luft, der alles Seiende erhält, Seschat, die Göttin der Schreibkunst, wartet auf mich, der Schopfibis wird mit uns tanzen, in Ombos leidet man keine Not, Ombos beherbergt die Barke der Sonne, die Nilschlange hütet das Tor zum Geheimnis des Lebens, die Raubtiere verstecken sich in der Dunkelheit, komm mit nach Ombos, wir umarmen uns, lachen und weinen und singen, trinken Dattelwein, rauchen die Kräuter der Oase, oberhalb von Abydos, Hu und Dendera, Ombos ist unvergleichlich schön, die Tränen des weltbeherrschenden Sonnengotts Re funkeln verführerisch, die mystischen Nächte in Ombos kennen keine Zeit, selbst die Nabelschnecken tanzen eng umschlungen, der Schakalschrei in der Ferne stört uns nicht, wir tanzen in Ombos die ganze Nacht, Ombos ist ein Fest des Lebens, Ombos ist die Welt. Es wird schön sein in Ombos.

Du, ich weiss nicht, ob es Ombos gibt.


## Die Suche nach dem Glück

Ich nahm mir vor, das Glück zu suchen, ich stand vom Drehfauteuil auf und ging aus dem Zimmer; draussen vor dem Haus wusste ich nicht, wohin ich mich begeben sollte. Wo sollte das Glück auffindbar sein? Da fiel mir ein, dass ich gar nicht wusste, was das Glück sei. Ob es das überhaupt gebe, und in welchem Zustand, in welcher Form. Ich kratzte mich in den Haaren, ist das Glück einfach ein günstiger Zufall, ein gedankenloser Augenblick wie ein aufsteigender Heissluftballon, ein tänzerischer Possenreisser, vielleicht gar eine Liebeswunscherfüllung mit glutäugiger Hingerissenheit? Ein Luftschloss? – Ich armer Narr, ich wusste es einfach nicht.

Ich seufzte und fläzte mich wieder in den Drehfauteuil. Mein Gemüt kräuselte sich lebenslustig. Was soll's! Vielleicht ist das Glück irgendwo in der Ferne zu finden, im afrikanischen Nampula, oder im brasilianischen Cachoeiro de Itapemirim, oder im chinesischen Chengdu? Diese Überlegungen machten mich ratlos, bereiteten mir Lampenfieber, denn ich bin kein reisefreudiger Typ. Der Lerchensporn mit den roten, weissen und gelben Blüten neigt sich der Erde zu, ich glaube, der hat einen Zipfel des Glücks erhascht. Doch ich bin halt nun mal kein Lerchensporn, und was ihm gelingt, gelingt mir eben nicht, leider. In den vier Zimmern meiner Hausbibliothek fand ich kein einziges Buch, das mir ein paar Tipps auf meiner Glückssuche hätte geben können. Mir war ganz düsterwolkig zumute. In meiner privaten Musikszene – meine musikantische Sammlung war enorm – fand ich nichts, das mich hätte glücklich machen können. Ich knirschte schon fast verzweifelt mit den Zähnen. Herrgottschtärnechaibnochmals, die Suche nach dem Glück machte mich teufelsrochengrimmig schier verrückt. Doch jetzt lasse ich mich nicht unterkriegen, basta! Ich zündete mir eine heraklitische Pfeife an, füllte mein Weinglas mit Châteauneuf-du-Pape nach, meine Gedanken schwappten zwischen Fülle und Leere, tausendfüsslerisch, verwunschen. Ziellos. Arg humpelnd. Ach, alles ist doch ein Zaubertrick, es gilt einfach,

44

ihn zu durchschauen. Überflüssig zu sagen, dass das mir nicht gelang.

Ich gebe die Suche nach dem Glück auf. Und fühle mich tief glücklich.

# Der Oechslegrad der Sprache

„Le style est l'homme même", „der Stil, das ist der Mensch selbst", sagte Buffon 1753 in seiner Antrittsrede in der französischen Akademie. Die Sprache ist ein wunderbares Ding, zeitdehnend oder zeitraffend, subkrustal, in den Satzgelenken knarrend oder elastisch. Das Zeitgenössische hat entrippt, fermatenlos, entschlackt, impulsivlos, kahlgefressen zu sein, die Lumineszenz zählt nicht. Doch wie herrlich ist der riesengrosse Raum des Expressiven, Surrealen, Grotesken in der Kunst, in der mispeligen Freiheit der Lyrik. „Sapere aude" – habe den Mut, dich deines eigenen Verstandes zu bedienen. Kunst ist immer auch ein Simbalasims, und dass da die monströsen dünnen Krabbenspinnen des Digitalen keine Ahnung haben, ist vraiment nichts Neues. Die Sprache bietet eine riesige Palette an Differenziertheiten, sich der Vollkommenheit oder der Verkommenheit nähernd im gestrüppigen, treffenden, ordinären, hochgemuten, ironischen, fachsprachlichen, lyrischen, holprigen, schwerfälligen, stümperhaften, gespreizten, hölzernen oder im höhenfliegenden eleganten, lebendigen, anschmiegsamen eloquenten Ausdruck.

Ich liebe die Sprache, ich kann Worte und Wortverbindungen wie mit einer Tuschfeder zeich-

nen oder farbberauscht fauvistisch malen, sonaten-
durchgeistigte Gespinste weben oder sinfonische
Gemälde hinwuchten. Waserlei ein Unsinn, eine
Gedankenarmut, auf belangloses Einschattiges zu
setzen in den unendlichen Ordnungen des Kosmos
oder in den liebenswert ausgefransten Unordnun-
gen des Chaos. Ich drehe mich vergnügt mit der
Sprache als Weltling oder Geistling im Allotria der
Zeit, der Zeitlosigkeit, im purpurnen Wirrbaren der
Erkenntnisse, der Täuschungen.

Der Oechslegrad ist ein Qualitätskriterium für
Wein; es geht um das Verhältnis von Säuregehalt
und – jetzt kommt's! – um die Süsse (ungeachtet
der Alkoholprozente). Ich liebe das reich instru-
mentierte Auffunkeln der Sprache, die vom Wind
hingeworfenen Riffelungen auf dem See, die Flü-
gel der Gedanken, die in die Ferne führen, weit in
mich selbst hinein. Die Sprachformulierung hat mit
dem Wortschatz zu tun und der Wortschatz mit den
Oechslegraden der unabhängigen geistigen Freiheit
und der vielfarbenen Fantasie.

# III
# Augenflimmern, Tanzschritt der Verwandlungen

## Versickerungen

Von der Steilküste
der Liebe
ins unbekannte Meer
gestürzt

Seeanemonen
heilen meine Wunden
WORTBRENNEND

*

Ich bin mir längst
fremd geworden
in aller Nähe
– bin verloren
in diesen Distanzen

*

Wie verwolkt
die Trübnis in mir
die grau gerippte Angst
   hin aufs Unwägbare
   auf die schwarzen Scherben
   des verzweifelten Alls


\*


Im Brand
des Weltalls
halte ich
deine Hand
umarme dich
DU BIST UNFASSBAR SCHÖN

finde die klangverschatteten
Hieroglyphen
   in dir
wage die Schritte
ins Unermessliche


\*

Vorsokratiker
    o ihr liebenswerten Narren
ich lese nächtlich
*begeistert*
in euren Schriften
und denke
(gehupft wie gesprungen)
meine modernen Sachen


\*


Die Essentia
meines Lebens
KUNST UND LUST


\*

Aus geisterhaften Uferbüschen
rufen maskenhafte Kröten
unverständliche Botschaften
    ins All
direkt in mein wehes
schmerzpunktiertes Herz


         *


Auf der Cellosaite
tanzen Kobolde

bewege dich auf dich hin
ruhe in dir

   – Erkenntnisse
   sind Wahnvorstellungen


         *

Dein doldenkopfiger
nackter Körper
im Moor der Lust
ein Wassernabelkraut
   labyrinthisch
    gekerbt
wie ein zerrissner Schattentanz


        *


In ägyptischen Dampfbädern eine Jamaicabanane
in der Hand vorwärts vorwärts Puma Katzenhai
ausgeflockt nachtwolkig durchs Birkenhuhnkol-
lern Chartreusekräuterlikör rinnt durch die Gang-
lien FJORDE ANSTELLE DER HERZKLAPPEN
das Duwort finsternist in Pyramidenschatten Kary-
atiden und Atlanten tanzen eng umschlungen Ko-
boldmakis winken aus dem Tertiär dem Zacken-
barsch zu Kyklopen Tanzfliegen Tanzende Derwi-
sche o tattriges Tattarata


        *

Liebestoll enzephalitisch neurotisch rachitisch der Gang der Welt die Philosopheme der Trottels kulturmorphologische Spucke auf der Sahararoute Religionen schakalen blutdurstig durch die brennende Nacht IN DER SONNENSCHALUPPE SINGT URANOS über die Lust der Wollhandkrabbe ich rauche meine heraklitische Pfeife trinke sardinischen Wein sardonisch lachend

*

Herakles bezwinge den feuerschnaubenden kretischen Stier er wütet in dir in mir ich schenke dir Hippokrates herzförmige Hirtentäschelfrüchtchen ORIONNEBELFLAMMEND DAS WORT wie Anaximandros zu behaupten die Sonne habe die Gestalt eines Rades ich denke pharaonisch die Sonne sei ein Oleanderschwärmer der Himmel ein Saphir den ich dir schenke Traumsintfluten stürzen über mich ob stromaufwärts oder stromabwärts ist seinsverstrudelt nicht mehr feststellbar Nacht ungeheuert wummernd um die Ecken zechsteint im Mund Moschusduft steigt accelerando ins ausgeblühte Herz der Abend sammelt das Versagen zerstört in Rauch und Flammen

*

Du rufst
in die grosse Verlorenheit
weichst dem Feuer aus –
    RETTUNGSLOS


*


Schwarze Sonnen
kollern
durchs Ohr

weh mir!


*

Durch die Verlorenheit
der einsamen Nachtstunde
stürzt der Atem
   nackt
     wahnsinnig
s c h r e i f a r b e n
MICHSTRASSENBESCHUPPT
zu dir
ins Rettungslose


       *


Tschaikowsky Verlaine
Donizetti Klee


       *

Verschleiert
  verhüllt
die Wirklichkeit

Leere und Fülle
sind der Grund
für Verschiedenheit

  LIEBE BLÜHT AUF
  IN DER TÄUSCHUNG


  *


Wer die Milchstrasse
unter dem Hut hat
ruht niemals aus
der muss
bis zum letzten Atemzug
fliehn


  *

In den Hoden
trillert
das Weltall


*


Das Wort
muss *fort*
vom Wörtlichen

ich nehme das genau
– und schweige


*

Der Pfauenaugenbarsch
wandert aus
lässt alle Grenzen hinter sich

ich bin längst dort
wo es ihn hinzieht

*

Ich vergesse die Farben
der Oliven
weiss nicht mehr
wo die Sehnsucht wohnt –
ich begrüsse dich
FREIHEIT
übe den *Tanzschritt*
*der Verwandlungen*

*

Klangdunkle Ströme
in mir
die dich suchen

wir vereinigen uns
in der Mündung
der Fraglosigkeiten
    im Schotter
    des Schreis


*


Melodiequergestreift
liege ich dir zu Füssen
entzückter Feuerfluss
    lache
       weine
in der Liebesillusion
IM WAHN DER SONNEN


*

Verdunkelungen und Leerheit
bleiben bestehn
in den Gaukeleien
der Täuschungen

– dennoch
umarme ich dich
küsse ich dich
L E B E N


*


Der Weg führt
durch die krankgewordne Rose
in die Schluchten
    der Schlammsalamander
in Ängste und Verzweiflungen

– in den Wortherzinfarkt


*

Schwarze Löcher
wurzeln im Bodenlosen
in den Jahrmillionen
der Vulkane
als FLAMMENDE VÖGEL
    im Glockenschlag
    des Lichtwerdens

          *

Trillerseligkeit
im Zeitlosen
    ach
was es nicht alles
zu bedenken gibt
WENN ES KEINEN HALT
MEHR GIBT

          *

In Tropfsteinhöhlen
der Angst
dämmert kein Morgen mehr
    der Atem stockt

Schlangenwortgeringel
tropft
ins halbtote Herz

*einst beteten wir uns an*


*

Im Galaxienschweif
krümmt sich
der Schrei

wir taumeln
aufeinander zu
    rettungslos
LUSTVOLL ERFÜLLT

## Werke von Paul Gisi 2015 bis 2019 bci Books on Demand, Norderstedt, Deutschland

op. 101    «Nächte des Knurrhahns»,
           Testament der Leidenschaft.
           Aphorismen, Fantasien, Briefe (2015)
op. 102    «Auf deinen Fingerbeeren tanzt das
           Weltall», Liebesgedichte (2016)
op. 103    «Oleivo der Maler», Passagen aus
           einem Künstlerleben, Prosa (2016)
op. 104    «Simon der Dichter», Teilsichten aus
           einem Künstlerleben, Prosa (2016)
op. 105    «Lichthin in deinen schwarzen
           Pupillen», Liebesgedichte (2016)
op. 106    «Ausgebrannte Erleuchtung», Gedichte
           (2017)
op. 107    «Das Universum setzt Segel», Gedichte.
           «Mit Nachbemerkungen des Lyrikers»
           (2017)
op. 108    «Irrlichtertanz», Fantasiestücke, und
           «Sei klar wie eine Galaxie», Ratschläge
           für einen jungen Lyriker (2017)
op. 109    «Pinselstriche des Weltalls»,
           Lyrische Notizen,
           Bibliografie 1969 bis 2018 (2018)
op. 110    «Aus düsteren Flammen»,
           Lyrisches Testament (2018)
op. 111    «Fulminantes Weltverständnis»,
           Briefe an Ludwig, erstes Buch (2018)
op. 112    «Eruptive Gisiaden»,
           Briefe an Ludwig, zweites Buch
           (2018)
op. 113    «Atem stürzt in Atem», Gedichte
           (2018)
op. 114    «In Sonnenwirbeln», Gedichte (2019)

**op. 115**  «Augenflimmern», Ausschweifungen,
Überschwemmungen, Versickerungen
(2019)

*(Stand: Februar 2019)*

**Paul Gisi** wurde 1949 in Basel geboren.
Lyriker, Schriftsteller, lebt in Rorschach
(Schweiz)

zackenbarsch.gisi@gmail.com
www.zackenbarsch.ch